할머니랑 나랑
도란도란 색칠놀이

할머니랑 나랑 도란도란 색칠놀이
: 컬러링으로 시작하는 조부모와 손주의 친밀한 대화

초판 1쇄 인쇄 2022년 2월 18일
초판 1쇄 발행 2022년 2월 18일

글 자스민 나라얀 | 그림 한나 데이비스 | 펴낸이 공은주 | 펴낸곳 명랑한 책방 | 옮김 공은주 | 편집 박서현 | 디자인 이하나
출판등록 2017년 4월 21일 제 2017-000011 호 | 전화 010-5904-0494 | 팩스 050-7993-9948 | 이메일 thejollybooks@gmail.com
인스타그램 jolly.books.official | 웹사이트 smartstore.naver.com/jollybooks
ISBN 979-11-91568-06-6 (13590)

COLOR WITH ME, GRANDMA! : COLOR, CREATE, AND CONNECT WITH YOUR GRANDCHILD
© 2017 text by Jasmine Narayan, Psy.D.
© 2017 illustrations by Hannah Davies

All rights reserved.
First published in the United States of America in 2017 by Race Point Publishing, a member of Quarto Publishing Group USA Inc.
This Korean edition was published by Jolly Books in 2022 by arrangement with Race Point Publishing, a member of Quarto Publishing Group USA Inc.
이 책의 한국어판 저작권은 저작권자와 독점 계약한 명랑한 책방에 있습니다.
저작권법에 따라 한국에서 보호를 받는 저작물이므로 무단 전재와 무단 복제를 금지합니다.
이 도서의 국립중앙도서관 출판예정도서목록 (CIP) 은 서지정보유통지원시스템 홈페이지 (https://seoji.nl.go.kr) 와 국가자료공동목록시스템 (https://www.nl.go.kr/kolisnet/) 에서 이용하실 수 있습니다.

- 값은 뒤표지에 있습니다.
- 잘못된 책은 구입하신 서점에서 교환해 드립니다.

 KC 마크는 이 제품이 공통안전기준에 적합하였음을 의미합니다.

 책의 모서리가 날카로우니 던지거나 떨어뜨려
주의 다치지 않도록 주의하세요.

할머니랑 나랑 도란도란 색칠놀이

자스민 나라얀 글
한나 데이비스 그림

명랑한 책방

차례

머리말   6

왜 컬러링이 효과적일까요? | 이 책을 활용하는 방법 | 언제나 양보다 질이 중요합니다 | '아동 중심 기법'을 통해 손주와 더 가까워지기 | 손주와 이렇게 함께 해주세요 | 손주와 대화를 시작하는 법 그리고 계속 이어가는 팁! | 어떤 할머니이신가요?

•연결• 가족과 소통하는 방법   24

가족과 함께 가장 가고 싶은 곳은 어디니? | 가족과 함께 무엇을 할 때 즐겁니? | 가장 좋아하는 영화나 티비 프로그램은 뭐니? | 가족과 함께 해보고 싶은 것은 뭐야? | 가장 좋아하는 음식은 뭐니? | 할머니와 함께 할 수 있는 재미난 일은 뭐가 있을까? | 우리 가족에 대한 책이 있다면 어떤 내용일까? | 할머니와 꼭 한번 해보고 싶은 건 뭐야? | 사랑하는 사람에게 마음을 어떻게 표현하니?

•지식• 즐겁게 배우고 나누고 싶은 것   44

무엇을 그리거나 만드는 걸 좋아하니? | 직접 만들 수 있는 음식이 있니? | 우리 가족 족보에 넣고 싶은 사람이 있니? | 배우고 싶은 악기가 있니? | 부엉이들이 무슨 말을 하는 것 같니? | 더 잘하고 싶은 것이 있니? | 가장 좋아하는 게임에 대해 말해줄래? | 가장 좋아하는 과목/공부는 뭐니?

•모험• 탐험하고 싶은 것   62

누가 이 회전목마를 탈 것 같니? | 무엇을 자주 상상하니? | 핼러윈에 무엇으로 변신하고 싶니? | 어디를 탐험하고 싶니? | 만약 딱 하나 정말 잘할 수 있는 걸 선택하라면 무엇을 고르고 싶니? | 세상에서 한번 가보고 싶은 곳은 어디니? | 딱 한 가지 마법을 부릴 수 있다면, 어떤 능력을 갖고 싶니? | 롤러코스터를 타고 있는 이 사람들은 지금 어떤 기분일까?

•놀이• 재미있게 노는 방법　　　　　　　　　　　　　　　　　　80

파티에 누구를 초대하고 싶니? | 가장 좋아하는 운동은 뭐니? | 가을에 가장 재미있는 놀이는 뭐니? | 만들어보고 싶은 게 뭐니? | 주말마다 한 가지 일을 할 수 있다면, 뭘 하고 싶니? | 너만의 비밀 공간을 어떻게 만들고 싶니? | 어떤 노래 부르기를 좋아하니? | 어디에 숨는 게 가장 좋을까?

•자연• 야외에서 즐기는 방법　　　　　　　　　　　　　　　　　　98

반딧불이는 얼마나 높이 날 수 있을까? | 정글 속 동물이 될 수 있다면 어떤 동물이 되고 싶니? | 바닷가에서 노는 걸 좋아하니? | 무지개를 본 적이 있니? | 산에서 어떤 재미있는 놀이를 할 수 있니? | 곤충들은 정원에서 무엇을 하고 놀까? | 밤하늘을 올려다볼 때 어떤 상상을 하니? | 물속에는 어떤 생물들이 살고 있을까?

•감정• 마음을 표현하고 이해하는 방법　　　　　　　　　　　　　116

너는 어떨 때 슬프니? | 무엇을 할 때 너 자신이 특별해지는 것 같니? | 언제 스스로 많이 자랐다고 느껴지니? | 선물을 받거나 줄 때 어떤 기분이 드니? | 기분이 좋을 때 하는 행동이 있니? | 사랑받고 있다는 걸 어떻게 느끼니? | 집에서 나와 멀리 갈 때 어떤 기분이 드니? | 집에서 나와 멀리 갈 때 어떤 기분이 드니?

저자 소개　　　　　　　　　　　　　　　　　　　　　　　　　　132

머리말

"세상에서 할머니 할아버지 말고 다른 사람은 할 수 없는 게 있어요. 할머니와 할아버지는 어린아이들 삶에 별빛을 뿌려주거든요."

– 알렉스 헤일리, 작가

아이가 성장하는 과정에서 할머니 할아버지는 아주 중요합니다. 아이의 신체적, 사회적, 정서적 성장에서 중요한 역할을 하시거든요. 아이들은 할머니 할아버지를 통해 가족의 뿌리와 연결되고, 사랑과 지지를 담뿍 받습니다. 앞으로 자라면서 맞이할 다양한 관계에 기초가 될 소중한 연결 고리를 제공받는 거지요.

오늘날 할머니 할아버지는 그 어느 때보다도 더 오래, 더 활동적인 삶을 살아갑니다. 따라서 손주들과도 더 친밀하고 더 많은 관계를 맺지요. "조부모와의 끈끈한 관계는 손주와 젊은 세대의 사회에 긍정적인 영향을 미치며 강화되고 있다. 어떤 조부모는 일상에서 갑자기 아이들을 돌봐야 할 때 기꺼이 보살펴주고, 어떤 조부모는 손주들과 깊은 감정적 유대 관계를 나눈다." 로마 행크스 박사는 《세대 간 연결 : 조부모의 새로운 역할》이라는 글에서 이렇게 쓰기도 했습니다.

학교 생활과 과외 활동으로 늘 바쁘기 때문에, 아이들은 가정에서 깊은 유대 관계를 쌓기 어려울 수도 있습니다. 게다가 잠깐 쉬는 시간이 생겨도 어린이들 대부분은 액정 화면을 보면서 노는 걸 더 좋아하지요. 손주가 마음을 열고 나누도록 하기란 정말 어렵습니다. 두말할 필요도 없겠지만요.

하지만 분명 할머니 할아버지로서 여러분은 손주에게, 부모라면 할 수 없는 방식으로 최고의 놀이 친구나 마음의 친구가 될 특별한 기회가 있답니다. 부모는 선생님, 놀이 친구, 운전기사 등 많은 역할을 해내야 하지만, 여러분은 그저 할머니 할아버지이기만 하면 되니까요. 아주 특별한 놀이 친구이자 '별빛을 뿌려주는' 스프링클러 같은!

왜 컬러링이 효과적일까요?

아이가 마음을 활짝 열고 하루에 대해 말하게 만들기란 쉽지 않습니다. 묻고 대답하는 방식으로 아이와 대화하려고 하면 더 어려워지지요. 저는 좋은 의도로 하는 질문조차 역효과로 이어지는 상황을 많이 경험했습니다. 특히 아이가 그리 말하고 싶어 하지 않는 주제라면 더욱 그렇지요. 질문을 너무 많이 하면 아이는 산만해지고, (세상에서 가장 무서운!) "몰라요"라는 대답만 하게 되거나 아예 대화가 끝나버릴 수도 있습니다.

아이의 내면세계는 아주 범위가 넓고, 때로는 어른의 논리와 이성으로는 설명하기가 불가능합니다. 그러니 이러한 손주의 내면을 탐구하려면, 당연히 언어가 아닌 다른 수단을 사용하는 게 더 낫겠지요.

　미술 활동은 1930년대 이후로 아동이 자연스럽게 활동하도록 해 심리, 정서 문제를 해결하는 과정에 폭넓게 활용되고 있습니다. 아이들을 더 편안하게 하고, 치료자와 신뢰를 쌓고 감정과 생각을 공유해가는 과정을 더 쉽게 만드는, 아주 좋은 방법이기 때문이지요. 특히 컬러링은 더 효과가 큽니다. 아이들은 손을 바쁘게 움직이면서 차분하고 반복적인 활동에 집중할 때 더 편안해하고 해방감을 느끼기 때문이지요. 손주와 함께 하는 컬러링은 자발적이고 자유로운 대화를 위한 완벽한 방법으로, 손주의 내면세계를 알아가는 소중한 시간을 만들어줄 것입니다. 일상에서 아이와 진정으로 교감하는 기회를 찾기란 쉽지 않습니다. 이 시간을 통해 그 기회를 잡아보세요!

이 책을 활용하는 방법

《할머니랑 나랑 도란도란 색칠놀이》는 손주와 함께 즐겁게 컬러링을 하면서 더 솔직하고 친밀한 대화를 나눌 수 있도록 특별히 설계된 책이랍니다. 두 장의 펼침 페이지마다 그려진 장면을 손주와 함께 색칠하고 완성하면서 자연스럽게 창의성이 표현되고, 즐겁게 대화를 나누게 됩니다.

　일러스트레이터 한나 데이비스는 한 쪽 페이지는 할머니용으로, 다른 한 쪽 페이지는 손주용으로 하여 더 쉽고 단순한 그림으로 표현했습니다. 몇 가지 기억할 사항을 알려드릴게요.

- '할머니' 페이지와 '손주' 페이지가 교대로 나오기 때문에, 주로 사용하는 손 방향에 상관없이

쉽고 자유롭게 컬러링을 즐길 수 있습니다.

- 손주가 복잡한 페이지를 색칠하다가 위축되거나 자신감을 잃지 않도록 단순한 페이지를 아이용으로 정했지만, 손주가 할머니용 페이지를 더 하고 싶어 한다면 그렇게 해주세요! 할머니와 손주가 나란히 앉아 같은 결과물을 만들어가며 함께 시간을 보내는 것이 가장 중요하니까요.

이 책은 손주와 할머니 사이의 유대와 아동의 주요 관심사에 초점을 맞추어, 연결, 지식, 모험, 놀이, 자연, 감정 등 총 여섯 개 장으로 구성되어 있습니다. 각 장 도입부에는 해당 영역의 아동 발달에 대한 간략한 설명이 함께 있어요. 그리고 각 장 컬러링은 손주와 대화를 시작할 수 있도록 설계되었습니다. 제시된 질문이나 컬러링 그림을 활용해서 손주에게 질문하거나 새로운 질문을 만들어서 하셔도 좋습니다.

이 컬러링 대화는 손주의 관점에서 손주와 소통하기 위해서 함께 하는 것임을 기억하시고, 손주가 색칠부터 대화까지 모든 시간을 주도하도록 해주세요. 여러분이 기대한 대로 대화가 흘러가지 않더라도요!

언제나 양보다 질이 중요합니다

할머니 할아버지와 손주의 유대감은 어떻게 더 탄탄하고 건강하게 이어질 수 있을까요?
리타 브렐은 《조부모와 손주 간 유대의 중요성》이라는 글에서 한 연구 결과를 인용했습니다.

아이가 조부모와 정서적으로 친밀감을 느끼고 꾸준히 만나며 이 관계를 사회적 지지의 원천이라고 여길 때, 이 특별한 관계가 더 강해진다고 합니다. 하지만 손주들과 끈끈한 유대감을 갖기 위해 모든 시간을 함께 보낼 필요는 없겠지요. 이러한 유대 관계에도 어디까지나 양보다 질이 더 중요하니까요.

이제, 손주와 함께 소중한 컬러링 시간을 보낼 수 있는 몇 가지 팁을 알려드릴게요.

- TV와 휴대전화는 전원을 꺼서 주의를 빼앗기지 않도록 준비하고 컬러링을 계속할 시간을 확보하세요. 그러면 할머니와 손주 모두 컬러링에 완전히 몰입하게 될 거예요.
- 이 시간에 대해 어떤 기대를 하고 있는지 손주와 함께 미리 이야기를 나눠보세요. 특히 컬러링을 정해진 시간 동안만 해야 한다면 더 중요합니다. 손주가 계속하고 싶을 때 그만해야 하는 상황이 되면 떼를 쓰거나 실망하게 되니, 시작하기 전에 함께 컬러링 할 수 있는 시간을 미리 알려주고 약속하세요. 양보다 질이 더 중요하기 때문에, 단 10분간의 컬러링이라도 할머니와 손주 사이에 긍정적인 연결 관계를 만드는 데 도움을 줄 수 있다는 사실을 잊지 마세요.
- 컬러링 시간은 할머니와 손주가 함께 창조하고 대화할 수 있는 특별한 시간입니다. 이 시간만큼은 손주가 무엇이든 말하고 나눌 수 있다는 것을 알려주세요. 손주가 말하기 싫다고 한다면 그것도 괜찮다고 얘기해주세요. 걱정하지 마세요! 함께 하는 시간이 많아질수록, 처음에는 잘 말하지 않던 아이라 해도 점점 더 마음을 열고 말문도 열기 시작할 거예요. 대화는 이런 말로 시작해도 좋겠네요.

"우리 손주와 함께 특별한 시간을 보낼 수 있다니 할머니도 너무 신이 나. 컬러링 하면서 우리 대화하지 않을래? 하고 싶은 말은 다 해도 괜찮아. 말하기 싫으면 안 해도 되고."

손주가 얼마나 마음을 열고 말을 하든, 여러분이 손주와 소통하기 위해 들이는 시간과 에너지를 손주도 고마워한다고 믿으세요. 아이들은 사랑하는 사람에게 일대일 관심을 받는 걸 무척 좋아한답니다. 손주는 분명 다정다감한 할머니 할아버지가 계시다는 걸 고마워할 거예요.

'아동 중심 기법'을 통해 손주와 더 가까워지기

손주들은 집에서, 유치원이나 학교 또는 학원에서 하루 종일 수많은 규칙에 따라 지내야 합니다. 하지만 아이들은 환경에서 요구하는 사항들과 '그냥 놀고 싶어!'라는 내면 욕구 사이에서 끊임없이 균형을 맞춰가야 하지요. 그런 손주들과 특별하게 관계 맺을 기회를 놓치지 마세요. 뒷장에 나와 있는 방법들이 도움이 될 거예요.

저는 치료 환경에서 아동 중심적 접근법을 사용합니다. 이는 놀이치료 전문가인 게리 랜트레스가 창안한 개념으로, 아이가 주도하도록 한 뒤 따르고, 스스로 성장하고 주도할 능력을 아이가 이미 갖추었다고 믿어주는 방법입니다. 지시하려 들지 않고 판단을 유보한 채 손주와 상호작용 하는 방법이지요. 지도하거나 바꾸려 하기보다는, 아이가 자발적으로 호기심을 드러내고 관찰하고 싶어 하며 기꺼이 배우려는 마음이 생기는 곳에서 함께 하는 활동을 의미합니다.

이러한 활동을 어려워하시는 할머니 할아버지도 많을 거예요. 우리는 손주를 기다려주기보다는 늘 무언가를 가르치거나 지시하는 데 더 익숙하니까요. 아동 중심 기법을 통해 컬러링을 하는 과정은, 바쁘게 지나가버리고 마는 어른 중심의 시간에서 이 시간을 특별히 분리해둔다는 뜻입니다. 하루 단 10분만이라도 집중해서 아동 중심으로 상호작용을 해보세요. 아이의 안정감, 정서적 성장, 인지 발달, 그리고 자존감에 놀라운 영향을 미칠 것입니다. 무엇보다 '질 높은' 시간이 중요하답니다!

손주와 이렇게 함께 해주세요

하나, 관찰하고 설명해주기

컬러링을 하는 시간 동안 손주는 새로운 것을 창조해내는 소중한 경험을 만나게 됩니다. 그 과정을 관찰하고 설명해주세요. 이처럼 아이의 행동을 다시 이야기하고 설명해주면, 할머니가 손주에게 집중하고 관심을 기울이고 있다는 것을 전달하는 효과가 있습니다. 손주와 함께 보내는 시간이 행복하다는 마음을 전해주는 것은 물론이고요.

다음과 같이 표현해주시면 좋아요.

"해는 노란색으로 칠했구나!"

"선 밖으로 색칠하는 걸 좋아하는구나!

"코끼리부터 색칠했네?"

"네가 칠한 빨간색들은 모두 느낌이 다르구나!"

"이번엔 무슨 색으로 칠할까 무척 고민하는 것 같네?"

둘, 손주의 감정에 공감해주기

함께 컬러링을 하는 동안 즐거워하거나 적절한 색을 찾지 못해 좌절하는 등 다양하게 변하는 손주의 감정을 느끼실 수 있을 거예요. 이런 순간을 놓치지 말고 활용하세요. 손주의 감정을 파악하고 인정해주세요.

"이렇게 같이 색칠할 때 참 차분하고 즐거워 보이는구나."

"지금 노란 크레파스가 없어서 답답한 거지?"

"색칠한 게 정말 마음에 드나 보네?"

"뜻하던 대로 색칠이 되지 않아서 많이 속상한 것 같구나."

이처럼 감정을 살피고 기억해주면 손주는 자신의 감정을 오롯이 인정받는 느낌을 갖게 됩니다. 이러한 형태의 배려와 상호작용은 또한 사랑받는다는 느낌과 안정감을 주어서, 손주가 스스로 마음을 여는 데도 도움이 되지요.

셋, 손주에게 지시나 요구나 비판을 하지 마세요

"이리 와서 앉으렴." "저 크레파스 좀 줘." 이런 식으로 지시를 하면 실제로는 손주에게서 주도권을 빼앗는 셈이 됩니다. 아이가 이러한 요구를 못 들은 척하거나 따르지 않으면 할머니와 손주 사이에 긴장감이 돌지요. 이 시간의 목적은 손주의 내면세계를 들여다보고 손주의 기준에 맞춰주는 데 있습니다. 손주가 할머니 말을 잘 듣는 데 더 신경을 쓰게 되면, 손주의 솔직한 마음속으로 들어가기란 더 어려워지겠지요.

마찬가지로, 손주의 자유로운 창작 활동에 영향을 주거나 손주의 선택을 어떻게든 평가하는 행위는 자제해주세요. "세상에, 보라색 해가 어디 있니!"처럼 어른의 시각에 치우친 말들은 아무리 장난스러운 표현이거나 악의가 없었더라도 손주에게는 결국 "네가 틀렸어."라는 규정으로 들릴 수 있으니까요.

실수를 지적하지 않도록 주의해주세요. 선 밖으로 색칠하는 것이 할머니에겐 실수처럼 보이겠지만 손주는 어쩌면 선을 넘나드는 창의성을 실험 중일지도 모릅니다! 여러분의 의도와는 전혀 상관없이 '실수'에 대한 언급은 손주의 감정을 상하게 하고 활동을 위축시키거나, 즐거워야 할 이 시간에 부정적인 기억을 남길 수 있다는 사실을 잊지 마세요.

넷, 구체적인 칭찬을 통해 손주와 더 친밀해지기

손주와 함께 컬러링을 하다 보면 계속 "정말 잘했어!"라고 말해주고 싶어질 거예요. 이렇게 우리가 자주 쓰는 긍정적인 말들은 그 순간 기분을 좋게 만들곤 하지요. 하지만 이처럼 너무나 평범한 표현은 사실 손주에게 무엇을 잘한 것인지 제대로 알려주지 못한답니다. 구체적인 칭찬이야말로 자존감을 높이고 부정적인 행동을 개선하거나 막을 수 있는 아주 강력한 도구입니다. 구체적인 칭찬이란 예를 들면 다음과 같습니다.

"우리 이렇게 차분하게 앉아서 함께 색칠을 하니까 정말 좋구나."
"선 밖에도 색칠하는 걸 좋아하는구나. 참 새롭고 재미있네!"
"함께 색칠하는 시간에 정말 집중을 잘하는구나."
"네가 색칠한 색깔들이 모두 마음에 들어. 기분까지 좋아지네."
"이렇게 잘 보이지 않는 작은 부분까지도 무척 색칠을 잘했구나."

손주와 대화를 시작하는 법 그리고 계속 이어가는 팁!

색칠을 하는 반복 행위를 통해 일단 손주가 이 시간을 편안하게 잘 받아들이게 되면, 손주의 내면세계를 더욱 깊이 알 수 있는 대화도 더 편하게 시작할 수 있어요. 단순히 '네/아니오' 식의 단답형 대답보다는 더 자세한 대답이 필요한 개방형 질문으로 대화를 열어보세요. 이때 던지는 질문들은 구체적이어야 하고 뚜렷한 주제가 있어야 더 좋아요. "오늘 하루는 어땠어?"와 같은 평범한 질문은 "좋았어요." "괜찮았어요." 또는 "몰라요."와 같은, 마찬가지로 평범하고 짧은 대답으로 이어지게 됩니다. 손주의 하루를 알 수 있는 개방형 질문과 구체적인 질문을 예로 들면 다음과 같습니다.

"오늘 쉬는 시간에는 어떤 게임을 했는지 알려줄래?"
"오늘 과학 시간에는 또 다른 무엇을 배웠니?"
"오늘 새롭게 배운 노래가 있니?"
"오늘 체육 선생님은 어땠어?"

일단 손주가 이러한 질문에 대답을 하면, 추가로 질문하거나 공감해주거나 다른 말로 바꾸어 다시 표현해주는 방식으로 대화를 더 자연스럽고 길게 이어갈 수 있답니다.

"우와! 친구들과 숨바꼭질을 했구나! [다른 말로 표현해주기]
정말 재미있었겠다! [공감해주기]"

그 뒤 손주가 대답할 시간을 잠시 기다려주세요. 손주가 단순하게 "네, 재미있었어요."라고 대답한다면 "숨바꼭질 할 때 가장 어려웠던 건 뭐였어?" 또는 "술래가 됐을 땐 어땠어?"와 같은 추가 질문을 던져보세요. 하나의 주제가 끝날 때까지 이런 방식으로 대화를 계속 이어갈 수 있고, 대화가 끝나는 시점에는 다른 주제에 대한 개방형 질문을 할 수 있습니다. 만약 손주가 대화 주제를 바꾼다면 손주가 이끄는 대로 자연스럽게 그 주제에 맞추어 구체적인 개방형 질문을 해보세요.

만약 손주가 대답을 하지 않는다면 대화할 준비가 안 되었을지도 모릅니다. 이럴 때는 "흠, 그 얘기는 별로 하고 싶지 않은가 보구나."와 같이 공감해준 뒤 잠시 기다렸다가 손주가 이야기하고 싶어 할 만한 다른 주제로 다시 대화를 시도해보세요.

주의사항!

이제 손주의 마음을 열 도구를 갖추었으니 할머니는 손주가 가장 좋아하는 편안한 친구가 될 수 있을지도 모릅니다. 혹시 손주가 염려스럽거나 부모에게 알려야 하는 비밀을 털어놓는다면 할머니는 어떻게 하는 게 좋을까요? 이럴 때는 솔직하게 손주와 그 문제에 대한 고민을 함께 나누는 게 가장 좋답니다. 손주 몰래 부모에게 말하지 말고 그 과정에 손주가 꼭 참여하도록 해주세요.

공감을 해준 뒤 다른 말로 바꾸어 이렇게 말해보세요. "네가 그 문제를 나에게 알려줄 만큼 친하고 편안하게 느꼈다니 정말 기쁘구나. 할머니는 조금 걱정이 되니까 네 부모에게 알려서 도움을 받는 게 가장 좋을 것 같다. 할머니가 엄마 아빠에게 이야기해볼까, 아니면 함께 말해볼까?" 손주는 할머니에게 화를 낼 수도 있습니다. 최악의 경우 손주는 다시는 할머니에게 비밀을 털어놓지 않겠다고 할 수도 있겠죠. 이럴 경우 손주의 감정에 공감하고 충분히 표현하고 해소하게 해주는 게 좋습니다.

이러한 방식의 의사소통은 아이들이 경계를 이해하고 누군가가 자신을 위해 최선의 방법을 찾고 있다는 신뢰감을 주는 데 도움이 됩니다. 당장은 싫어하는 것처럼 보여도 말이지요!

처음에는 손주가 자기 이야기를 제대로 들려주지 않을 수도 있습니다. 그래도 괜찮아요. 앞에서 설명한 관찰, 설명, 공감 등을 계속 사용하다 보면 손주의 마음이 점점 열릴 거예요. 인내심을 가지고, 손주가 할머니와 함께 하는 이 시간을 좋아한다는 사실을 믿어보세요!

어떤 할머니이신가요?

할머니가 된다는 건 정말 특별한 경험입니다. 그리고 손주와 얼마나 자주 만나는지에 따라 각기 다르고 다양한 경험을 하게 되지요. 아래 내용을 참고하여 상황에 맞게 컬러링 시간을 가져 보세요.

하나, 손주와 함께 사는 할머니

매일 손주를 보고 손주와 함께 경험을 많이 하기 때문에 어쩌면 세상에서 가장 운 좋은 할머니일지도 모릅니다. 새로운 것을 배울 때 좌절하기도 하고, 목표를 달성했을 때 활짝 웃는 손주의 모습을 보는 게 낙인 할머니이시겠죠. 손주가 학교에 갈 옷을 입고, 저녁을 먹으면서 난장판을 만들고, 목욕물에 거품을 내고, 잠들기 전 재미난 이야기를 읽어주는 데 함께 할 수 있으실 거고요. 손주의 일상에 일부가 된다는 건 손주와 강한 유대감을 만들 기회도 풍부하다는 뜻이겠죠.

이런 할머니를 위한 컬러링 시간 팁은 다음과 같습니다.

- 손주와 함께 살기 때문에 매일 다양한 일상의 문제에 휘말릴 수 있습니다. 아동 중심 기법을 활용해서, 바쁜 나날 가운데 손자와 함께 컬러링 하는 특별한 시간을 만들어보세요.
- 컬러링 시간 말고도 손주와 소통하고 교감하기 위해서 아래와 같은 개방형 질문을 해보세요. 더 많은 예시는 24페이지를 참고하세요.

"할머니와 함께 하는 것 중 가장 마음에 드는 게 뭐니?"

"할머니랑 함께 무엇을 더 해보면 좋을까?

"네가 화가 나거나 슬플 때 할머니가 어떻게 도와줄 수 있을까?"

- 손주의 일상적인 가정생활에 초점을 맞추어 개방형 질문을 해보세요. 손주가 세상을 어떻게 바라보고 있는지 알게 되면 무척 놀랄지도 몰라요. 다음 질문들을 활용해보세요.

"하루 중 어떤 시간을 가장 좋아하니? 어떤 휴일이 가장 좋니? 어떤 계절이 가장 좋니?"

"우리 집에서 마음에 드는 부분/안드는 부분은 무엇이니?"

"우리 집에서 바꿔야 할 부분이 뭐라고 생각하니?"

"우리 집에서 어떤 규칙이 가장 힘드니?"

둘, 손주 근처에 사는 할머니

손주와 함께 살지 않을 수도 있지만, 멀지 않은 곳에서 살지요. 손주를 만날 기회가 많다는 뜻이기도 합니다. 이런 할머니를 위한 컬러링 시간 팁은 다음과 같습니다.

- 근처에 사는 할머니는 손주와 돈독한 관계를 유지할 수 있을 만큼 가깝지만 손주의 일상과 의무와는 어느 정도 떨어져 있을 수 있지요. 근처 할머니 댁을 방문하는 건 손주에게 있어 일주일 내내 기다려지는 특별한 시간일지도 모릅니다. 손주가 할머니에게 어떤 이야기를 해도 안전하다고 느끼게 해주세요. 이러한 안전감은 신뢰감을 주고 의지할 수 있는 밑거름이 되어 주지요. 아동 중심 기법을 통한 대화는 이에 큰 도움이 됩니다.
- 손주에 대해 궁금해하세요! 개방형 질문을 던지면 손자의 성격과 관심사를 아는 데 도움이 될 수 있어요. 다음 질문들을 활용해보세요.

"할머니랑 가장 하고 싶은 건 무엇이니?"
"할머니랑 무엇을 더 하고 싶니?"
"지금까지 네 인생에서 가장 좋았던 날은 언제였니?"

셋, 손주와 멀리 떨어져 사는 할머니

손주를 만나려면 비행기나 기차, 자동차 여행이 필요한 할머니입니다. 멀리 떨어져 살기 때문에 손주를 자주 보지 못할 수도 있겠지만, 그렇다고 해서 손주에 대한 사랑과 응원, 영향력까지

희미해지는 건 아니겠지요. 이런 할머니를 위한 컬러링 팁은 다음과 같습니다.

- 양보다 질이 더 중요하다는 사실을 잊지 마세요. 원하는 만큼 만나지 못하기 때문에 손주와 함께 하는 시간은 더더욱 특별합니다. 컬러링 하는 시간, 식사 시간, 놀이 시간, 심지어 서로 안아줄 때에도 아동 중심 기법을 활용하여 모든 순간들을 소중히 보내세요.
- 오늘날처럼 네트워크로 연결된 세상에서는 손주에게 언제든지 닿을 수 있답니다. 전화나 영상 통화를 통해 여러분이 멀리 있더라도 늘 손주를 사랑한다는 사실을 알려주세요. 그리고 이 책에 나와 있는 질문들과 대화법을 활용하여 손주와 대화를 시작해보세요.
- 손주가 가정과 학교에서 어떻게 지내는지 물어보세요. 떨어져 있어도 손주의 세계로 연결될 수 있도록 말이지요. 다음과 같은 몇 가지 질문을 시도해보세요.

"학교는 어떤 점이 좋니?"
"네 가장 친한 친구에 대해 말해주려무나."
"주말에 뭘하고 싶니?"
"하루 중 언제가 가장 좋니?"
"내일 저녁 식사로 뭘 만들고 싶니?"

- 손주에 대해 궁금해하세요. 손주가 스스로에 대해 어떻게 생각하는지 알아보려면 개방형 질문을 사용해보세요.

"넌 너의 어떤 점이 마음에 드니?"

"너에 대해 무엇인가를 바꿀 수 있다면 뭘 바꾸고 싶니?"

"네게 힘든 일을 말해보렴."

"나중에 자라서 무엇이 되고 싶니?"

"어린이여서 좋은 점은 뭐고 나쁜 점은 뭐니?"

"만약 할머니한테 마법 지팡이가 있다면, 너는 어떤 소원을 말하겠니?"

넷, 손주를 키우는 할머니

손주를 직접 키우는 할머니라면, 양육을 하면서 모든 책임을 다 지고 있기 때문에 오히려 손주와 오붓한 시간을 나누기가 더 어려울 수도 있을 거예요. 이런 할머니를 위한 컬러링 팁은 다음과 같습니다.

- 정해진 일과와는 별개로 아동 중심 기법과 컬러링 시간을 활용해보세요. 매일 단 10분만이라도 아이가 중심이 되는 시간을 보내면 정서 발달에 매우 긍정적인 영향을 줄 수 있답니다. 함께 컬러링하는 시간은 할머니도 잠시 육아라는 짐을 내려놓고 쉬면서 손주에 대해 새롭게 집중하고 배울 수 있는 기회이기도 하지요.
- 가족의 특정한 상황과 관련하여 손주가 품고 있는 바람과 감정을 파악할 수 있도록 개방형 질문을 사용해보세요.

"여기 살면서 좋은 점과 싫은 점이 뭐니?"

"우리 가족에 대해 뭘 바꿔보고 싶니?"

"만약 할머니가 네 소원을 들어줄 수 있다면 뭘 바라겠니?"

"가장 좋았던 기억은 뭐니?"

해피 컬러링!

– 심리학 박사, 자스민 나라얀

• 연결 •

가족과 소통하는 방법

이 장의 컬러링은 가족 사이의 상호작용과 연결을 묘사합니다. 어린 손주들의 세계는 할머니 할아버지와의 소중한 관계와 가족을 중심으로 펼쳐집니다. 아이들은 이런 가족 관계를 통해 처음으로 사랑하고 사랑받는 법을 배우지요. 손주가 느끼는 할머니의 사랑은 나중에 자라서 가족 밖의 관계로 나아갈 때도 중요한 역할을 한답니다.

이야기해볼까요?

이번 장의 컬러링은 '가족 구성원과의 연결'에 대한 질문들로 구성되었습니다. 컬러링을 하며 아래 제시된 질문들을 활용하여 손주와 이야기를 나누어보세요. 이 장을 통해 손주가 어떻게 가족 관계를 받아들이고 인지하고 있는지 알 수 있을 것입니다.

잊지 마세요! 이 컬러링은 손주가 중심이 되는 활동입니다. 이 시간만큼은 손주가 주도하도록 해주세요.

- 서커스 쇼: 가족과 함께 가장 가고 싶은 곳은 어디니?

- 욕조에서 노는 물개 가족: 가족과 함께 무엇을 할 때 즐겁니?

- 함께 영화 보기: 가장 좋아하는 영화나 티비 프로그램은 뭐니?

- 레모네이드 스탠드[*]: 가족과 함께 해보고 싶은 것은 뭐야?

- 아이스크림 먹기: 가장 좋아하는 음식은 뭐니?

- 베개 싸움: 할머니와 함께 할 수 있는 재미난 일은 뭐가 있을까?

- 할머니와 책 읽는 시간: 우리 가족에 대한 책이 있다면 어떤 내용일까?

- 스케이트 배우기: 할머니와 꼭 한번 해보고 싶은 건 뭐야?

- 할머니를 만나러 가는 길: 사랑하는 사람에게 마음을 어떻게 표현하니?

다음은 이 장의 모든 컬러링 장면에 활용할 수 있는 질문들입니다.

- 우리 가족에는 누구누구가 있지?

- 우리 가족 가운데 가장 좋아하는 사람은?

- 네가 슬프거나 우울할 때 기분이 나아지게 하려면 할머니가 어떻게 해야 할까?

- _____에 대한 이야기를 들려주렴(손주가 아는 사람 가운데 골라서 물어보세요).

- 네가 아는 사람 중 가장 좋은 사람과 가장 나쁜 사람은 누구니?

- 우리 가족에 대해 네가 무언가를 바꿀 수 있다면, 무엇을 어떻게 바꾸고 싶니?

---

[*] 미국에서는 아이들이 직접 레모네이드를 판매하여 용돈을 마련하곤 합니다. 재료를 구입하고 홍보 방법과 판매 전략까지 고안하지요. 창업 과정을 체험하고 경제 활동에 직접 참여해볼 수 있는 즐거운 경험 가운데 하나로 인기가 높습니다. (옮긴이 주)

• 지식 •

즐겁게 배우고 나누고 싶은 것

할머니 할아버지와 손주 간 관계에서 가장 중요하고 색다른 부분은 세대 간에 전해지는 것이 있다는 점입니다. 할머니 할아버지에게는 손주와 나눌 소중한 지식이 많지요. 손주도 마찬가지로 할머니 할아버지에게 새롭게 가르쳐드릴 게 많고요. 이번 장의 컬러링 장면에서는 가족의 역사에서 비디오게임까지, 서로 배우고 성장하기 위해 함께 모이는 세대를 표현합니다.

이야기해볼까요?

이 장은 세대에 걸친 지식 전달에 대한 질문을 중심으로 설계되었습니다. 컬러링을 하며 아래 제시된 질문들을 활용하여 손주와 이야기를 나누어 보세요. 손주의 관심사에 대해 알아가는 데 도움이 될 것입니다.

잊지 마세요! 이 컬러링은 손주가 중심이 되는 활동입니다. 이 시간만큼은 손주가 주도하도록 해주세요.

- 공작 시간 : 무엇을 그리거나 만드는 걸 좋아하니?
- 컵케이크 만들기 : 직접 만들 수 있는 음식이 있니?
- 족보 : 우리 가족 족보에 넣고 싶은 사람이 있니?
- 악기 연습 : 배우고 싶은 악기가 있니?
- 지혜로운 부엉이 가족 : 부엉이들이 무슨 말을 하는 것 같니?
- 자전거 타기 : 더 잘하고 싶은 것이 있니?
- 비디오게임 : 가장 좋아하는 게임에 대해 말해줄래?
- 박물관 방문 : 가장 좋아하는 과목/공부는 뭐니?

다음은 이 장의 모든 컬러링 장면에 활용할 수 있는 질문들입니다.

- 어떤 일을 가장 잘하니?
- 더 배우고 싶은 것이 있니?
- 가장 힘든 일이 뭐니?
- 나중에 자라서 뭐가 되고 싶니?
- 어떤 노래/어떤 색깔/어떤 영화를 가장 좋아하니?
- 할머니한테 무엇을 가르쳐주고 싶니?

• 모험 •

탐험하고 싶은 것

아이들은 언제나 호기심이 많지요. 그래서 늘 열심히 주변을 탐험하고 싶어합니다. 현실에서든 상상으로든 아이들은 늘 모험을 하게 된다는 뜻이지요. 이번 장의 컬러링에서는 타고난 모험가인 손주들을 표현했습니다. 어린아이들은 아직 현실과 환상을 구분하지 못할 때가 많아요. 현실에 이성과 논리를 거스르는 상상을 뒤섞어 마법 같은 생각을 하는 경향이 있지요. 이것이 바로 환상적인 탐험으로 이어지는 것이고요. 그런데 이런 엉뚱하고 터무니없는 상상 속에는 아이들 내면의 진실과 욕구가 숨어 있답니다.

이야기해볼까요?

이 장은 현실과 상상의 모험에 대한 질문으로 구성되었습니다. 컬러링을 하며 아래 제시된 질문들을 활용하여 손주와 이야기를 나누어보세요. 손주의 환상과 상상에 숨겨진 진실의 조각들을 찾는 데 도움이 될 것입니다.

잊지 마세요! 이 컬러링은 손주가 중심이 되는 활동입니다. 이 시간만큼은 손주가 주도하도록 해주세요.

- 회전목마 : 누가 이 회전목마를 탈 것 같니?
- 하늘의 성으로 올라간 유니콘 : 무엇을 자주 상상하니?
- 변신 : 핼러윈에 무엇으로 변신하고 싶니?
- 정원 요정 : 요정들이 정원을 탐험하고 있구나. 너는 어디를 탐험하고 싶니?
- 돌고래 타기 : 만약 딱 하나 정말 잘할 수 있는 걸 선택하라면 무엇을 고르고 싶니?
- 관광 지도 : 세상에서 한번 가보고 싶은 곳은 어디니?
- 마법사 : 딱 한 가지 마법을 부릴 수 있다면 어떤 능력을 갖고 싶니?
- 롤러코스터 : 롤러코스터를 타고 있는 이 사람들은 지금 어떤 기분일까?

다음은 이 장의 모든 컬러링 장면에 활용할 수 있는 질문들입니다.

- 어디로 모험을 떠나고 싶니?
- 세계 어디든 갈 수 있다면 어디에 가고 싶니?
- 소원을 들어주는 마법의 지니를 만나면 어떤 소원을 말할 거야?
- 백만 원이 있다면 무엇을 사고 싶어?
- 본 적 없는 신기한 반려동물을 만들어낼 수 있다면 어떤 걸 만들 거야?
- 상상 속 도시/장소/세상을 만들어보자. 그곳은 어떻게 생겼을까? 뭐가 있을까? 어떤 사람들과 동물들이 살고 있을까?

• 놀이 •

재미있게 노는 방법

단순한 재밋거리와 게임처럼 보일 수도 있지만, 좀 더 깊은 차원으로 들어가보면 놀이는 어린 시절에서 가장 중요한 요소 가운데 하나입니다. 1989년 유엔에서 놀이를 아동이 바르게 성장하기 위한 기본권이자 필수 활동이라고 규정하기도 했지요. 그 이유는 무엇일까요? 아이들은 놀이를 통해 말로는 쉽게 전달하지 못하는 감정과 욕구를 표현할 뿐만 아니라, 새로운 기술을 연습하고, 다양한 역할을 시도하면서 사회적인 관계를 배워가니까요.

할머니는 손주와 가장 가깝고 좋은 놀이 친구가 될 수 있어요. 실은 모두가 다 잘 알고 있어요. 할머니들은 규칙을 잘 어긴다는 걸요!

이야기해볼까요?

이 장은 손주의 타고 난 장난기가 잘 드러날 수 있도록 설계되었습니다. 컬러링을 하며 아래 제시된 질문들을 활용하여 손주와 이야기를 나누어보세요. 손주와 함께 즐겁게 노는 방법을 찾는 데 도움을 줄 것입니다.

잊지 마세요! 이 컬러링은 손주가 중심이 되는 활동입니다. 이 시간만큼은 손주가 주도하도록 해주세요.

- 곰들의 생일 파티 : 파티에 누구를 초대하고 싶니?
- 공을 가지고 노는 코끼리 : 가장 좋아하는 운동은 뭐니?
- 낙엽과 놀기 : 가을에 가장 재미있는 놀이는 뭐니?
- 만들기 도구 : 만들어보고 싶은 게 뭐니?
- 미끄럼틀을 타는 물개 : 주말마다 한 가지 일을 할 수 있다면, 뭘 하고 싶니?
- 동물들의 비밀 공간 : 너만의 비밀 공간을 어떻게 만들고 싶니?
- 새가 지저귀는 소리 : 어떤 노래 부르기를 좋아하니?
- 숨바꼭질 하는 곰들 : 어디에 숨는 게 가장 좋을까?

다음은 이 장의 모든 컬러링 장면에 활용할 수 있는 질문들입니다.

- 가장 좋아하는 게임은 뭐니? 그 게임의 어떤 점이 좋니?
- 혼자 노는 것을 좋아하니 아니면 친구들과 함께 노는 게 좋니?
- 오늘 학교/유치원에서 무엇을 하고 놀았는지 말해줄래? 쉬는 시간에는 무엇을 했니?
- 네가 가장 좋아하는 만화 캐릭터와 함께 놀 수 있다면, 어떤 일이 펼쳐질까?
- 누구와 있을 때 가장 즐겁니?
- 잘하지는 못하더라도 어떤 게임/운동/활동을 좋아하니?

• 자연 •

야외에서 즐기는 방법

손주가 휴대폰을 사용하는 걸 봤다면, 오늘날 아이들이 얼마나 기술을 잘 다루는지 충분히 아시겠지요. 이처럼 아이들이 디지털 환경에 더 많이 노출된다는 것은 이전 세대에 비해 실내에서 보내는 시간은 늘고 밖에서 노는 시간은 줄었다는 뜻이기도 합니다. 할머니는 할머니가 어렸을 때 그랬던 것처럼 손주가 밖에서 신나게 뛰어놀도록 이끌어주고, 손주가 더 건강하게 자라도록 도와줄 수 있어요. 손주와 함께 직접 뛰면서 술래잡기 놀이를 하기는 어렵겠지만, 손주가 친구들과 노는 동안 심판 역할 정도는 충분히 해주실 수 있답니다.

이야기해볼까요?

컬러링을 하며 아래 제시된 질문들을 활용하여 손주와 이야기를 나누어보세요. 손주를 자연에서 뛰어놀게 하고, 자연과 더불어 놀고 자랐던 할머니의 경험을 함께 공유할 소중한 시간을 가지게 될 것입니다.

잊지 마세요! 이 컬러링은 손주가 중심이 되는 활동입니다. 이 시간만큼은 손주가 주도하도록 해주세요.

- 반딧불이 잡기 : 반딧불이는 얼마나 높이 날 수 있을까? 저렇게 높은 곳에서 반딧불이는 무엇을 볼까?
- 사파리의 곰 : 정글 속 동물이 될 수 있다면 어떤 동물이 되고 싶니? 그 이유는 무엇이니?
- 바닷가에서 놀기 : 바닷가에서 노는 걸 좋아하니?
- 무지개 : 무지개를 본 적이 있니? 무지개를 보면 어떤 생각이 드니?
- 산 : 산에서 어떤 재미있는 놀이를 할 수 있니?
- 정원의 곤충 : 곤충들은 정원에서 무엇을 하고 놀까?
- 별 보기 : 밤하늘을 올려다볼 때 어떤 상상을 하니?
- 강에서 수영하기 : 물속에는 어떤 생물들이 살고 있을까?

다음은 이 장의 모든 컬러링 장면에 활용할 수 있는 질문들입니다.

- 밖에서 무엇을 하며 놀 때가 가장 좋니?
- 가장 좋아하는 계절은 언제니?
- 봄/여름/가을/겨울에는 무엇을 하고 싶니?
- 지구에서 딱 한 가지를 바꿀 수 있다면 무엇을 바꾸고 싶니?

• 감정 •

마음을 표현하고 이해하는 방법

세상에 태어난 순간부터 아이들은 드넓은 감정의 바다를 항해하는 법을 배웁니다. 다른 사람의 감정을 구분하는 법부터 감정을 받아들이고 표현하는 법까지도요. 손주들이 감정을 있는 그대로 느낄 수 있도록 하는 건 아주 중요합니다. 그렇게 해서 아이들은 자신을 받아들이고 감정을 잘 다루는 법을 배우기 시작하니까요. 아이들은 행복, 슬픔, 분노, 두려움, 부끄러움 같은 기본 감정을 모두 이해할 수 있습니다. 그리고 성장하면서 흥분, 침착, 짜증, 좌절, 초조, 걱정, 자존심, 질투와 같은 더 복잡한 감정을 이해하기 시작하지요.

이야기해볼까요?

이번 장은 손주가 크고 작은 자신의 감정에 대해 자유롭게 소통하도록 격려하고, 자기 자신과 세상에 대해 어떻게 느끼는지 알 수 있도록 설계되었습니다. 컬러링을 하며 아래 제시된 질문들을 활용하여 손주와 이야기를 나누어보세요.

잊지 마세요! 이 컬러링은 손주가 중심이 되는 활동입니다. 이 시간만큼은 손주가 주도하도록 해주세요.

- 비 오는 날의 로봇 : 너는 어떨 때 슬프니?
- 꽃 속의 토끼 : 무엇을 할 때 너 자신이 특별해지는 것 같니?
- 성장 : 언제 스스로 많이 자랐다고 느껴지니?
- 선물 : 선물을 받거나 줄 때 어떤 기분이 드니?
- 거품을 내뿜는 해마 : 기분이 좋을 때 하는 행동이 있니?
- 초콜릿 나누어주기 : 사랑받고 있다는 걸 어떻게 느끼니?
- 열기구와 길 : 집에서 나와 멀리 갈 때 어떤 기분이 드니?

다음은 이 장의 모든 컬러링 장면에 활용할 수 있는 질문들입니다. 빈칸에 다양한 감정 단어들을 넣어서 질문해 보세요.

- 어떨 때 _____을 느끼니?
- 기분이 _____이라는 건 어떻게 아니?
- 기분이 _____일 때 어떻게 해야 기분이 나아지니?
- 화가 났을 때 어떻게 하면 가라앉니?
- 쉴 때는 무엇을 하고 싶니?
- _____일 때 몸이 어떻게 변하니?
- _____일 때 어떻게 행동/반응을 하니?
- 집/학교/유치원에서 왜 _____기분이 들었니?

감정 단어

걱정스럽다, 고맙다, 궁금하다, 기쁘다, 답답하다, 무섭다, 미안하다, 밉다, 부럽다, 속상하다, 슬프다, 부끄럽다, 불쌍하다, 신나다, 억울하다, 즐겁다, 화나다, 행복하다 등

글 자스민 나라얀 JASMINE NARAYAN

심리학자 자스민 나라얀은 미국 하트퍼드 대학에서 박사 학위를 취득한 뒤 아동 청소년 심리학 전문 교육을 받았다. 현재 뉴욕 헌팅턴에 본사를 둔 단체 패밀리 가이드 심리 서비스의 공동 설립자로서, 다양한 성장 과정과 생활환경을 고려한 효과적인 심리치료, 상담, 온라인 자원 등을 통해 봉사하고 있다. 특히 정서 조절 장애, 공격성/충동적 폭력, ADHD, 우울증, 불안, 트라우마 등에 시달리는 어린이와 청소년 치료에 더욱 헌신하고 있다.

부모와 가족과의 관계가 아동 청소년기에 가장 중요하다고 강조하는 나라얀 박사는 부모들의 행동과 정서에도 관심의 끈을 놓지 않는다. 따라서 긍정적인 육아 방식과 행동 개입에 초점을 맞추어, 부모들의 행동에서 발생하는 문제를 교정하며 협력한다. 부모와 아이들이 더욱 친근하고 편안하며 안정된 관계를 이어갈 수 있도록 하는 중요한 과정이다.

나라얀 박사는 《할머니랑 나랑 도란도란 색칠놀이》에서 임상 치료와 상담을 거쳐 축적한 경험과, 단순한 패턴을 반복해 색칠하는 컬러링이 선사하는 치유 효과를 전하고자 한다. 창조적인 표현에 대한 경험은 우리 삶을 치유하며 더 나은 관계로 이끌어가는 힘을 갖고 있다. 탄탄한 심리학 지식과 다양한 부모와 어린이를 상담하고 치료한 실제 경험, 아름다운 컬러링이 만나 우리 일상에 더 편안한 휴식과 안정, 가족 간의 사랑과 행복을 가져다줄 것이다.

나라얀 박사에 대한 추가 정보와 다른 글들은 다음 사이트에서 만나볼 수 있다.
WWW.FAMILYGUIDING.COM
트위터 @DRJNARAYAN

그림 한나 데이비스 HANNAH DAVIES

2005년 세계적인 예술 축제인 웨일스 국립 아이스테드바드에서 디자인 대상을 수상하며 실력을 인정받은 한나 데이비스는 자연과 동물에서 영감을 받은 작품을 주로 선보인다. 물, 생명, 자연환경에서 착안한 형태와 그림, 디자인을 결합해 다양한 직물 패턴, 생생한 수채화 등으로 정교하고 세밀하게 표현한 작품들이 감탄을 자아낸다. 한나 데이비스는 자연스러운 손맛을 살리기 위해 실제 천과 색종이에 그림을 그리기도 하며, 여러 색의 수채 물감을 덧칠해 배경 작업을 해 더욱 신비롭고 따뜻한 색감을 만들어낸다.

2008년부터 최근까지 13회의 전시회를 개최했고, 2010년 런던에서 개최한 올해의 디자이너 대상에 선정되었다. 디자인, 출판, 광고 등 다양한 분야에서 활발히 활동 중이다.
HTTP://WWW.HANNAH-DESIGNS.COM

옮김 공은주

서강대학교에서 사학과 경영학을 전공하고, 출판사에서 해외의 좋은 어린이책을 우리나라에 소개하는 일을 했다. 어른들이 아이들의 명랑한 목소리에 더욱 귀를 기울이길 바라는 마음으로, 아이들의 생각과 마음을 격려하는 책들을 발굴하고 번역하며 출간하고 있다.